DÉCRET DU 31 AOUT 1891

PORTANT RÈGLEMENT SUR LA CONCESSION DES

CONGÉS & PERMISSIONS

DANS

LES TROUPES DE LA MARINE

2e ÉDITION

PARIS

Henri CHARLES-LAVAUZELLE

Éditeur militaire

118, Boulevard Saint-Germain, Rue Danton, 10

(MÊME MAISON A LIMOGES)

1899

DÉCRET DU 31 AOUT 1891

PORTANT RÈGLEMENT SUR LA CONCESSION DES

CONGÉS & PERMISSIONS

DÉCRET DU 31 AOUT 1891

ORTANT RÉGLEMENT SUR LA CONCESSION DES

CONGÉS & PERMISSIONS

DANS

LES TROUPES DE LA MARINE

2e ÉDITION

PARIS

Henri CHARLES-LAVAUZELLE

Éditeur militaire

118, Boulevard Saint-Germain, Rue Danton, 10

(MÊME MAISON A LIMOGES)

1899

DÉCRET DU 31 AOUT 1891

PORTANT RÈGLEMENT SUR LA CONCESSION DES

CONGÉS & PERMISSIONS

PRINCIPES GÉNÉRAUX.

Art. 1er. Les demandes de permission ou de congé doivent être adressées, par la voie hiérarchique, aux autorités qui ont qualité pour les accorder.

Art. 2. Les militaires des troupes de la marine, en congé ou en permission, doivent toujours être porteurs du titre en vertu duquel ils s'absentent; les hommes de troupe doivent, en outre, être pourvus de leur livret.

Art. 3. Les hommes de troupe, en permission ou en congé, peuvent obtenir des généraux commandant les subdivisions l'autorisation de se rendre dans des localités autres que celles désignées sur leur titre d'absence.

Ces officiers généraux peuvent également autoriser les militaires de tous grades en instance de prolongation à attendre dans leurs foyers la décision à intervenir de l'autorité supérieure.

Ces autorisations sont inscrites sur le titre d'absence et l'avis en est donné directement aux chefs de corps, au moyen d'un bulletin indicatif (modèle n° 4 ci-annexé).

Art. 4. Les officiers de tous grades, en position d'absence, qui désirent changer de résidence, peuvent le faire sans autorisation préalable. Ils sont seulement tenus d'en informer, par écrit, leur chef de corps ou de service, en lui faisant connaître leur nouvelle adresse. Ils sont également tenus de porter eux-mêmes, au verso de leur titre d'absence, les changements successifs de résidence qu'ils ont pu faire pendant la durée de leur permission ou de leur congé.

S'ils sont eux-mêmes chefs de corps ou de service, ils en informent l'officier qui les remplace à la tête du corps ou du service. La même règle s'applique aux officiers en expectative de départ colonial et qui ont quitté leur corps ou leur service.

Quant aux officiers qui, par suite de diverses circonstances, rentrent en France et n'ont pas d'affectation à un corps ou service en France, ils sont tenus de faire connaître directement au Ministre (sous le timbre de la Direction du personnel, Bureau des troupes) leur adresse, ainsi que leurs changements successifs de résidence.

Art. 5. Tout militaire qui obtient une permission de s'absenter ou un congé, de quelque espèce qu'il soit, est tenu, avant son départ, de présenter son titre d'absence au visa du commissaire aux revues.

S'il s'agit d'un officier sans troupe, le commissaire indique sur le livret de cet officier, quel que soit son grade, la date, la nature et la durée du congé, indépendamment du visa qu'il doit toujours apposer sur le congé même. Ces visas sont toujours datés.

Art. 6. Les officiers en position d'absence pour une durée de 4 jours et au delà doivent, dès leur arrivée dans le lieu où ils se rendent, faire connaître leur adresse et le temps présumé de leur séjour : 1° au général commandant la place de Paris s'ils doivent résider à Paris ou dans le département de la Seine; 2° au commandant d'armes dans toute autre ville de garnison ; 3° à l'officier commandant la gendarmerie de l'arrondissement, s'il n'y a pas de garnison dans le lieu où ils jouissent de leur permission ou de leur congé.

Art. 7. Les sous-officiers, caporaux et soldats en position d'absence pour une durée de 4 jours et au delà doivent, à l'arrivée dans le lieu où ils se rendent, faire viser leur titre de permission ou de congé et faire connaître leur adresse : 1° au général commandant la place de Paris, s'ils doivent résider à Paris ou dans le département de la Seine; 2° au commandant d'armes dans toute autre ville de garnison; 3° au commandant de la brigade de gendarmerie dont dépend leur résidence, s'il n'y a pas de garnison au lieu où ils doivent jouir de leur congé ou de leur permission.

Ils se présentent à la même autorité la veille de leur départ pour rejoindre leur corps.

Les hommes en permission dans le département de la Seine, demeurant hors Paris et porteurs d'une permission ne dépassant pas 8 jours, doivent faire viser leur titre par le commandant d'armes ou par le commandant de la brigade de gendarmerie de leur résidence.

Les autorités militaires chargées du visa sont tenues de faire parvenir immédiatement au général commandant la place de Paris, les noms, corps et adresses des intéressés.

D'autre part, les sous-officiers, caporaux et soldats titulaires d'un congé de convalescence, et qui sont signalés comme ayant une inconduite caractérisée ou s'étant rendus coupables de faits délictueux, doivent être rappelés sous les drapeaux avant l'expiration de leur congé, après avis conforme des médecins.

Art. 8. Les titres d'absence des militaires rentrant de permission ou de congé sont adressés au commissaire aux revues dans les vingt-quatre heures, par le chef de service quand il s'agit d'un officier sans troupe ou d'un employé militaire; ils sont joints à l'état d'effectif et de mutations, sur lequel figure la mutation, pour les militaires appartenant à un corps de troupe.

Art. 9. En cas de mobilisation, les officiers, les sous-officiers, caporaux, brigadiers ou soldats qui se trouvent en permission ou congé, doivent se mettre immédiatement en route pour rejoindre leur corps ou leur service, sans attendre aucune notification individuelle. Toutefois, les militaires en congé de convalescence sont, en cas de mobilisation, maintenus dans leurs foyers durant le temps reconnu nécessaire pour le rétablissement de leur santé.

Art. 10. Les généraux commandant de corps d'armée ou le territoire des subdivisions de région, qui accordent, dans les cas prévus par les art. 35, 36, 56 et 57, des congés de convalescence et des prolongations de permissions ou de congés, adressent directement aux conseils d'administration des corps de troupe intéressés, sous le couvert des vice-amiraux préfets maritimes, les bulletins indicatifs (modèle n° 1 ci-annexé) de ces congés et prolongations de permissions ou de congés.

Des avis sont aussi adressés aux mêmes autorités par les médecins-chefs des hôpitaux, en ce qui concerne les militaires qui entrent à l'hôpital étant en position d'absence.

Art. 11. Les demandes formées par les militaires (hommes de troupe), en permission ou en congé, sont transmises au commandant de la subdivision de région par l'intermédiaire du commandant d'armes et, à défaut, par la gendarmerie, à qui les intéressés doivent remettre leurs demandes.

Les officiers adressent directement leurs demandes au général commandant la subdivision.

Art. 12. Les droits, en matière de permission, des officiers commandants supérieurs des troupes et commandants des troupes aux colonies sont les même que ceux des majors généraux en France (1).

Art. 13. Les titres d'absence sont établis conformément aux modèles n°s 2 et 3 ci-annexés.

Art. 14. Les absences par permission au-dessus de 15 jours ou par congé doivent être régulièrement constatées sur les feuillets du personnel des officiers; elles doivent, en outre, être résumées annuellement sur les états d'inspection générale et sur les feuilles individuelles, ces renseignements étant indispensables lorsqu'on

---

(1) Les majors généraux ont été remplacés par les généraux de brigade.

veut juger de l'assiduité d'un officier ou de la façon dont sa santé supporte le service colonial.

Art. 15. Toutes les fois que les majors généraux (1) et les préfets maritimes accordent une autorisation d'absence quelconque aux officiers, ils doivent en donner avis au Ministre, au moyen d'un bulletin individuel (modèle n° 1 ci-annexé) qui porte les noms et grades des officiers, la date fixée pour le départ et celle de la rentrée, la quotité de la solde qui leur est accordée (présence ou absence), ainsi que le lieu où doit se passer le congé ou la permission. Il n'est pas rendu compte au Ministre des permissions accordées par les chefs de corps.

Art. 16. Lorsque l'autorité maritime est avisée qu'une permission ou un sursis a été accordé à un officier ou employé militaire dans les conditions de l'article 10, il en est donné avis au Ministre de la manière indiquée au paragraphe précédent.

Art. 17. L'embarquement des militaires des troupes de la marine, proposés régulièrement pour un congé, à quelque titre que ce soit, doit être suspendu jusqu'à ce qu'une décision ait été prise relativement à la proposition dont ils sont l'objet.

Art. 18. Les sous-officiers rengagés ou commissionnés, en congé, ont la faculté de recevoir mensuellement la solde à laquelle ils ont droit, sauf le dernier mois qui n'est réglé qu'à la rentrée au corps.

Congés ou permissions pour aller à l'étranger.

Art. 19. Les congés ou permissions pour aller à l'étranger ne sont accordés que par le Ministre, qui en règle les conditions au point de vue de la solde.

Art. 20. Le titulaire de la permission ou du congé doit laisser à son corps ou à son service les moyens de lui faire parvenir toute communication le concernant.

L'uniforme ne peut être porté à l'étranger que sur une autorisation spéciale du Ministre de la marine.

Congés ou permissions accordés aux hommes de troupe pour en jouir dans les départements de la Seine et de Seine-et-Oise.

Art. 21. Il ne peut être accordé de congés ou de permissions pour en jouir à Paris, dans le département de la Seine et celui de Seine-et-Oise, qu'aux hommes de troupe qui justifient y avoir leur famille, ou qui peuvent certifier qu'ils y ont des moyens d'existence.

---

(1) Les majors généraux ont été remplacés par les généraux de brigade.

Art. 22. Les hommes de troupe qui, pour se rendre à leur destination, ont à passer par Paris, ne peuvent y séjourner plus de quarante-huit heures.

Dispositions spéciales aux militaires en service aux colonies.

Art. 23. Les permissions et les congés accordés aux militaires en service aux colonies, ne commencent que du jour du débarquement ou de la sortie du lazaret, si les passagers ont dû faire quarantaine.

Ces militaires sont considérés comme rentrés à leur poste, s'ils sont rendus au port d'embarquement au jour fixé pour l'expiration de leur titre d'absence.

Art. 24. Les préfets maritimes sous l'autorité desquels se trouvent les ports où débarquent les permissionnaires, peuvent prolonger la durée des permissions ou des congés du nombre de jours nécessaire pour que les titulaires de ces permissions ou congés puissent, lors de leur retour, se mettre en route de manière à n'arriver au port d'embarquement que la veille seulement du jour du départ du premier paquebot partant après l'expiration de la permission ou du congé. La solde acquise pendant ces prolongations est la même que celle dont jouissait le militaire pendant son congé ou sa permission primitive.

Les intéressés doivent, aussitôt après leur débarquement en France, se présenter au commissaire aux revues, qui est tenu de mentionner, sur le titre dont ils sont porteurs, le jour du départ du paquebot qu'ils auront à prendre pour retourner à leur poste. Cette mention ne dispense pas les intéressés de demander au préfet maritime la prolongation nécessaire.

Quand, à l'expiration de sa permission ou de son congé, un militaire employé aux colonies obtient une prolongation d'absence, l'autorité qui l'accorde doit, en faisant l'inscription, mentionner à la suite la date à laquelle l'intéressé devra arriver au port d'embarquement.

DES PERMISSIONS.

Art. 25. Il peut être accordé des permissions avec solde de présence à tous les officiers, sous-officiers rengagés ou commissionnés et aux militaires de la gendarmerie ; — sans solde à tous les autres militaires.

Art. 26. Les militaires de tous grades, changeant isolément de résidence, peuvent obtenir, à titre de sursis, et sur le vu de l'autorisation de leur nouveau chef de corps ou de service, des permissions dont la durée ne doit pas dépasser 15 jours, abstraction faite des délais ordinaires de route et de tolérance.

Ces sursis sont accordés dans les mêmes conditions de solde que les autres permissions et par l'autorité militaire du point de départ.

Art. 27. Les permissions d'absence à solde entière, qui peuvent être accordées aux officiers des corps de troupe de la marine, sont limitées à une durée consécutive de 30 jours. Néanmoins, les officiers peuvent, à l'expiration d'une permission de 30 jours, obtenir une prolongation d'une durée maximum de 15 jours, durant laquelle ils ont droit à la solde entière pendant les 30 premiers jours, et à la demi-solde pendant le reste de l'absence. Passé ce terme, quand il y a prolongation, la demi-solde seulement est acquise pendant toute la durée de l'absence.

Art. 28. Un officier peut, du reste, obtenir dans le courant d'une année plus de 30 jours de permission avec solde entière, mais en plusieurs permissions distinctes accordées en des circonstances différentes.

Art. 29. En règle générale, quand les circonstances le permettent, une permission doit être accordée aux militaires désignés pour servir aux colonies, lorsqu'ils en font la demande, et qu'ils en sont, d'ailleurs, jugés dignes.

Par interprétation de l'article ci-dessus, le Ministre de la marine a rendu, à la date du 27 octobre 1892, la décision suivante :

Messieurs, aux termes de l'article 29 du décret du 31 août 1891, sur la concession des congés et des permissions dans les troupes de la marine, en règle générale, quand les circonstances le permettent, une permission doit être accordée aux militaires désignés pour servir aux colonies lorsqu'ils en font la demande et qu'ils en sont d'ailleurs jugés dignes.

Mais, comme la durée de ces permissions n'est pas déterminée, les officiers et hommes de troupe appelés à recevoir une destination coloniale sont quelquefois traités, au point de vue dont il s'agit, d'une façon différente suivant qu'ils servent dans telle ou telle brigade.

J'ai décidé, en conséquence, pour assurer d'une façon uniforme l'application des dispositions rappelées ci-dessus, que la durée des permissions à accorder aux militaires de tous grades désignés pour les colonies sera fixée de la manière suivante :

Aux officiers, une permission de 25 à 30 jours ;

Aux hommes de troupe, une permission de 12 à 15 jours.

Ces fixations ne constituent pas un droit absolu ; mais l'autorité militaire ne pourra s'en écarter que dans des circonstances exceptionnelles. Il importe, en effet, de concilier, dans la mesure du possible, les exigences du service avec les intérêts et les sentiments respectables des familles.

D'autre part, j'ai également décidé que, à l'avenir, les généraux commandant les brigades et les colonels désignés devront soumettre tous les ans, aux inspecteurs généraux d'armes, la liste des officiers, sous-officiers et soldats auxquels ils auront cru devoir refuser des permissions de l'espèce. Les motifs du refus seront toujours indiqués pour chaque cas particulier.

Art. 30. Chaque année, à l'occasion des fêtes de Pâques, un certain nombre de permissions sont accordées aux militaires des corps de troupe de la marine, présents dans les portions centrales. La durée de ces permissions, qui est généralement de 8 jours, peut être augmentée du temps à passer en route à l'aller et au retour, à l'égard des hommes qui doivent se rendre dans une localité éloignée du lieu de leur garnison.

Art. 31. Des congés de 2 ou 3 mois doivent être accordés, sans qu'il soit besoin d'en rendre compte au Ministre, aux sous-officiers rengagés pour 3 ans au moins, et qui en font la demande en se rengageant dans leur dernière année de service.

Le Ministre a été consulté, au sujet de l'article 31, sur la question de savoir s'il y avait lieu d'en faire l'application aux sous-officiers qui se rengagent étant en service outre-mer et, d'autre part, si les armuriers de la marine pouvaient bénéficier des mêmes faveurs que les sous-officiers des troupes. Il a fixé ainsi les règles à suivre dans les deux cas :

Au sujet des congés à accorder aux sous-officiers des troupes de la marine admis à contracter un rengagement pendant leur séjour aux colonies.

Paris, le 30 juin 1893.

Messieurs, j'ai été consulté sur la question de savoir s'il y a lieu d'accorder un congé de 2 ou 3 mois aux sous-officiers des corps de troupe de la marine, admis à contracter, pendant leur service outre-mer, un rengagement de 3 ans au moins.

J'ai l'honneur de vous faire connaître que les dispositions de l'article 31 du décret du 31 août 1891 ne sont applicables qu'aux sous-officiers servant en France.

Il pourra être fait exception à cette règle en faveur des sous-officiers qui demanderaient à jouir de leur congé dans la colonie, si les exigences du service le permettent.

Les militaires rengagés aux colonies pourront obtenir, à leur rentrée en France, le congé prévu par l'article 31 précité, s'ils en font la demande, et s'ils ne sont pas envoyés dans leurs foyers en convalescence ou en congé pour fin de campagne. »

Concession de congés aux armuriers après rengagement.

Paris, le 7 février 1893.

Messieurs, j'ai été consulté sur la question de savoir s'il y avait lieu d'accorder, après rengagement, des congés aux militaires du corps des armuriers de la marine.

Le décret et l'arrêté ministériel du 28 octobre 1891, portant réorganisation de ce corps, ne prévoient pas la concession de congé après rengagement, en faveur des armuriers de la marine.

Mais, d'autre part, les chefs, les maîtres et seconds-maîtres armuriers n'étant pas admis à contracter des rengagements avec prime, se trouvent par là même moins favorisés que leurs camarades de l'artillerie et de l'infanterie; il est donc juste de ne pas leur enlever encore le bénéfice du congé qui est accordé après rengagement aux militaires des corps de troupes.

J'ai décidé qu'à l'avenir des congés de 2 mois, à solde de présence, pourront être accordés, sans qu'il soit besoin d'en rendre compte au Ministre, aux armuriers de tout grade qui auront contracté un rengagement dans les conditions du décret du 28 octobre 1891, et qui en feront la demande au moment de la signature de l'acte de rengagement.

Toutefois, les armuriers qui contractent un rengagement aux colonies et qui, à leur débarquement en France, obtiennent un congé de convalescence, ne sauraient bénéficier des dispositions bienveillantes de la présente circulaire. »

Art. 32. Il est impossible que les hommes des troupes de la marine obtiennent, d'une manière générale, comme les militaires de l'armée de terre, des permissions de 30 jours, pour venir en aide à leurs parents, dans les travaux de la moisson; mais les préfets maritimes dans les ports ont la faculté, en tenant compte des besoins de l'instruction, d'accueillir, sur des propositions motivées, les demandes individuelles qui seraient basées sur la situation particulière des intéressés, leur temps de présence sous les drapeaux et la position de leur famille.

Autorités par qui sont accordées les permissions.

Art. 33. *Chefs de corps ou de service :*
Aux officiers, 15 jours avec solde de présence ; aux sous-officiers rengagés ou commissionnés, 30 jours avec solde de présence ; aux autres gradés et aux soldats, 30 jours sans solde.

Directeurs de la fonderie de Ruelle et l'inspecteur des fabrications :
Aux officiers et aux sous-officiers rengagés ou commissionnés, 30 jours avec solde de présence.

Majors généraux (1) :
Aux chefs de corps ou de service, 15 jours avec solde de présence ; aux autres officiers, 30 jours avec solde de présence.

Préfets maritimes; général commandant en chef les troupes de l'Indo-Chine :
Aux chefs de corps ou de service, 30 jours avec solde de présence.

Dispositions spéciales aux écoles.

Art. 34. Les militaires de l'armée de mer détachés à l'Ecole supérieure de guerre, à l'Ecole militaire d'infanterie, à l'Ecole militaire de l'artillerie et du génie à Versailles, etc., sont, pendant toute la durée des cours, soumis, pour les permissions comme pour tous les autres détails du service, aux mêmes règles que leurs camarades de l'armée de terre.

Il en est de même des officiers détachés dans les différentes écoles de l'armée de terre.

Art. 35. Les généraux gouverneurs militaires ou les généraux commandant les corps d'armée sur le territoire desquels sont placées l'école de gymnastique, l'école normale et les écoles régionales de tir, les écoles d'enfants de troupe et les écoles des travaux de campagne, peuvent accorder, sur la proposition

---

(1) Les majors généraux ont été remplacés par les généraux de brigade.

des commandants de ces écoles et sur le vu de l'autorisation des chefs de corps ou de service, des sursis d'arrivée, dans la limite de 15 jours, aux militaires qui ont terminé leurs cours d'instruction dans ces écoles.

Le général gouverneur de Paris peut également, sur le vu de l'autorisation du chef de corps ou de service, accorder des permissions de 15 jours, avec solde de présence, aux officiers venus à Paris pour y subir des examens.

DES PROLONGATIONS DE PERMISSIONS.

Art. 36. Tout militaire en permission doit, pour obtenir une prolongation, demander au préalable l'assentiment de son chef de corps. Celui-ci peut donner son autorisation pourvu que la durée totale de l'absence ne dépasse pas 30 jours.

La même autorisation est accordée aux chefs de corps par l'autorité militaire dont ils relèvent normalement et qui, aux termes de l'art. 33, a qualité pour leur accorder une permission équivalente à la durée totale de l'absence.

Le droit de prolonger les permissions, sous les réserves spécifiées ci-dessus, est dévolu aux généraux exerçant un commandement territorial, qui peuvent accorder des prolongations de permission avec solde de présence ou sans solde, aux militaires de tous grades en permission sur le territoire sous leurs ordres, dans les conditions déterminées par l'article 25, sous la réserve que la durée totale de l'absence ne dépasse pas les droits conférés à ces officiers généraux par l'article 33.

Art. 37. Dans le cas où la durée de l'absence doit dépasser 30 jours, la permission est transformée en congé et les prescriptions relatives aux prolongations de congé deviennent applicables.

DES CONGÉS ET DE LEUR PROLONGATION.

Art. 38. Les absences dont la durée doit dépasser 30 jours sont autorisées sous forme de congé.

Le Ministre statue seul sur les demandes de congé formées par les officiers généraux et les chefs de corps ou de service.

Les règles ci-après ont été tracées par le Ministre le 9 mai 1896, pour les officiers qui se rendent en congé et qui sont autorisés à emmener avec eux leurs chevaux :

« Messieurs, j'ai l'honneur de vous faire connaître que j'ai rendu applicable aux troupes de la marine la décision de M. le Ministre de la guerre en date du 5 décembre 1891 (*Bulletin officiel*, Guerre, partie réglementaire, page 664), relative aux soldats-ordonnances des officiers se rendant en congé et autorisés à emmener avec eux les chevaux qui leur sont réglementairement affectés.

« Il est bien entendu que ces hommes devront être considérés comme présents au corps sans mutation; aucune allocation de frais de déplacement ne pourra leur être accordée. »

ANNEXE.

Note ministérielle relative aux soldats-ordonnances des officiers se rendant en congé et autorisés à emmener avec eux les chevaux qui leur sont réglementairement affectés.

Paris, le 5 décembre 1891.

Le président du conseil, Ministre de la guerre, a pris, à la date de ce jour, la décision suivante :

Les soldats-ordonnances des officiers se rendant en congé et autorisés à emmener avec eux les chevaux qui leur sont normalement affectés sont admis à accompagner ces officiers, afin d'assurer les soins à donner à leurs chevaux.

Ces soldats-ordonnances sont considérés comme présents au corps et ne sont pas portés en mutation; ils ont droit à la solde et à l'indemnité représentative de viande, à l'exclusion des prestations en nature, les officiers par qui ils sont employés étant tenus de pourvoir à leur nourriture et à leur logement.

L'explication des différences existant entre les journées de solde de présence et les prestations en nature est portée, sous les formes ordinaires, dans les feuilles de journées (tableau V, à la suite de la rubrique : « Infirmiers nourris aux vivres d'hopital », et dans les revues.

Ces soldats-ordonnances sont payés des allocations qui leur sont acquises, à titre de solde et d'indemnité représentative de viande, pendant la durée de leur déplacement, par les soins du commandant de l'unité à laquelle ils appartiennent au moment de leur rentrée au corps.

Art. 39. Les congés sont accordés aux autres militaires dans les conditions suivantes :

Congés pour affaires personnelles.

Art. 40. Les congés pour affaires personnelles sont accordés, par délégation du Ministre, dans la limite de 3 mois, par les vice-amiraux commandant en chef, préfets maritimes, et le général commandant en chef les troupes en Indo-Chine; au delà de trois mois, ils sont accordés par le Ministre.

Il ne peut être délivré de congé de cette nature aux hommes de troupe, sauf à ceux qui sont rengagés ou commissionnés, ou aux engagés volontaires pour 5 ans.

Art. 41. Les préfets maritimes peuvent accorder des congés sans limite de durée, aux militaires en instance de retraite et qui désirent attendre dans leurs foyers la liquidation de leur pension.

Art. 42. Les congés pour affaires personnelles sont accordés avec solde d'absence aux officiers et aux sous-officiers rengagés ou commissionnés; sans solde à tous les autres militaires.

Art. 43. Les demandes de prolongation de congé pour affaires personnelles sont adressées, ainsi qu'il est dit article 11, au général commandant la subdivision territoriale. Après enquête, cet officier général transmet la demande, avec son avis motivé, au préfet maritime, dont le militaire relève normalement. Le préfet maritime statue et signe, s'il y a lieu, le titre de prolongation. Il transmet la demande au Ministre, si la durée totale de l'absence doit excéder la limite des droits qui lui sont conférés par les articles 40 et 41.

Le titre de prolongation ou la notification du refus est adressé au général commandant la subdivision qui a transmis la demande ; celui-ci avise l'intéressé de la décision dont il a été l'objet et lui fait parvenir son titre s'il y a lieu.

Si la prolongation est accordée, avis en est donné, par bulletin modèle n° 1, au chef de corps sous les ordres duquel le militaire intéressé se trouve normalement placé.

Art. 44. Les demandes relatives aux concessions ou prolongations de congé ne doivent être adressées au Ministre que lorsque les autorités maritimes, chargées de les apprécier en premier ressort, se sont rendu un compte exact des motifs d'urgence que les intéressés peuvent invoquer.

Art. 45. Il importe de n'accorder que dans des circonstances absolument exceptionnelles et dûment justifiées des congés pour affaires personnelles, aux officiers en service aux colonies, ces congés ayant pour effet de tenir éloignés de leur poste des officiers dont la présence est souvent nécessaire. Dans les cas extrêmement rares, ou pour des raisons ayant un caractère exceptionnel de gravité et d'urgence, si l'autorité militaire croit devoir autoriser un officier à rentrer en France pour jouir d'un congé de cette nature, elle en rend immédiatement compte au Ministre.

Pour les officiers provenant d'une colonie autre que l'Indo-Chine, c'est le Ministre qui accorde le congé, en fixe la durée et fait connaître à l'intéressé la date à laquelle il doit rejoindre son poste.

Congés de convalescence.

Art. 46. Les préfets maritimes statuent sur les propositions de congé de convalescence formées en faveur des militaires des corps de troupe de la marine en résidence ou qui débarquent sur le territoire de leur commandement.

Aucun acte n'édictant à qui il appartenait d'établir les titres de congé de convalescence et pour fin de campagne, le Ministre de la marine a réglé ainsi la question dans sa circulaire du 20 février 1893 :

« Messieurs, d'après les règlements en vigueur, les congés de convalescence ou de fin de campagne, destinés aux officiers et aux hommes de troupe d'artillerie et d'infanterie de marine rentrant des colonies, sont établis par le port militaire le plus proche du lieu de débarquement.

« Ce mode de procéder, qui s'imposait autrefois pour restreindre l'allocation des frais de route et ne pas retarder le départ des intéressés, n'a plus sa raison d'être aujourd'hui, car, depuis la mise en vigueur du décret du 17 octobre 1892, les militaires rapatriés sont, dès leur débarquement, dirigés directement sur leurs foyers avec feuilles de route.

« J'ai décidé, en conséquence, que désormais, en ce qui concerne les militaires de tout grade de l'infanterie de marine, les congés seront établis et adressés aux officiers et aux hommes de troupe par le port sous l'administration duquel les intéressés sont placés quand ils rentrent pour fin de campagne, et par le corps qui tenait la matricule jusqu'à ce jour s'ils sont rapatriés sans avoir reçu une affectation à un régiment métropolitain.

« En ce qui concerne l'artillerie de marine, les congés seront également établis et adressés par les ports d'affectation pour les officiers et hommes de troupe du régiment et des compagnies d'ouvriers. Il en sera de même pour les officiers et employés militaires classés dans une direction d'artillerie en France. Quant aux officiers d'artillerie provenant de l'état-major particulier de l'arme, et aux employés militaires qui n'auraient pas encore reçu d'affectation en France, le congé sera établi et adressé par le port militaire le plus rapproché du lieu de débarquement.

« Les ports de débarquement seront fixés sur la situation des militaires des deux armes par le vu de l'ordre de route ou d'embarquement, et ils n'auront qu'à envoyer au port intéressé les avis des mutations et les certificats médicaux, s'il y a lieu.

« L'application des dispositions nouvelles aura pour effet de simplifier les écritures et de faciliter la tenue de la matricule ainsi que le règlement des questions financières qui se rapportent aux militaires des troupes de la marine rentrant des colonies. »

Pour l'application de l'article 46 aux gendarmes coloniaux, aux spahis rentrant en France, ainsi qu'aux gardes auxiliaires d'artillerie de marine, les deux circulaires suivantes ont tracé la marche à suivre :

Au sujet des militaires de la gendarmerie coloniale ou du corps des spahis qui rentrent en France en congé de convalescence.

« Paris, le 25 février 1893.

« Messieurs, aux termes du paragraphe 4 de la circulaire du 14 mars 1890, les militaires de la gendarmerie coloniale reçoivent les allocations qui leur sont dues par les soins du chef du service colonial, la situation, au point de vue purement militaire, restant réglée par l'administration de la marine (congés, rentrée dans leurs foyers en expectative de retraite, etc...).

« Comme conséquence de ces dispositions, les gendarmes coloniaux qui débarquent dans les ports du Havre, de Nantes, de Bordeaux et de Marseille, sont tenus au courant de leur solde de traversée et de leurs frais de route par l'autorité coloniale du port de débarquement, mais, par contre, sont présentés à la visite médicale, proposés pour l'obtention d'un congé et mis en route par l'autorité maritime.

« Ce mode de procéder a pour résultat d'assujettir ces militaires à des allées et venues qui peuvent être préjudiciables à leur état de santé, sans aucun intérêt pour le service.

« Afin de remédier à ces inconvénients, j'ai décidé qu'à partir du 15 mars prochain, les militaires de la gendarmerie coloniale (officiers compris), ainsi que les militaires du corps des spahis, qui débarqueront dans un port de commerce, subiront la visite médicale devant le conseil de santé des colonies, puis seront proposés pour l'obtention de congés et recevront leurs feuilles de route par les soins du service colonial.

« Les certificats de visite médicaux, les propositions régulières de congés, ainsi que l'avis officiel du débarquement et du lieu de résidence de congé ou d'expectative de réforme ou de retraite me seront ensuite transmis directement, sous le présent timbre, par les chefs du service colonial. »

Extension aux gardes auxiliaires d'artillerie de la marine des dispositions de la circulaire du 25 février 1893.

« Paris, le 27 octobre 1893.

« Messieurs, j'ai l'honneur de vous faire connaître que, par décision de ce jour, j'ai étendu aux gardes auxiliaires d'artillerie de la marine les dispositions de la circulaire du 25 février dernier en vertu de laquelle les militaires de la gendarmerie coloniale et du corps des spahis, débarquant dans un port de commerce, doivent être présentés à la visite médicale. proposés pour l'obtention des congés de convalescence et mis en route par les soins du service colonial. »

Art. 47. Les préfets maritimes peuvent accorder ces congés dans la limite maximum de 6 mois, qu'ils aient, ou non, été motivés par une maladie contractée aux colonies.

Au delà de 6 mois, l'approbation du Ministre est nécessaire, mais seulement lorsque la demande de congé suit immédiatement un premier congé (unique ou prolongé), qui a eu lui-même une durée ininterrompue de 6 mois.

Lorsque des hommes sont envoyés en congé de convalescence par suite de dysenterie, il y a lieu d'appliquer à leur égard la décision ministérielle suivante :

Informations à fournir aux autorités civiles au sujet de marins et de militaires envoyés en congé et atteints de dysenterie.

« Paris, le 4 octobre 1895.

« Messieurs, M. le Ministre de l'intérieur m'a demandé de faire prévenir directement les préfets des départements et les maires des communes dans lesquels seraient envoyés des marins ou soldats atteints ou convalescents de dysenterie. afin que les municipalités puissent prendre des mesures destinées à empêcher la propagation de la maladie.

Conformément à cette demande, j'ai décidé qu'afin de profiter des franchises postales les renseignements dont il s'agit seront adressés :

Aux maires, sous bandes, par les directeurs du service de santé;

Aux préfets, sous bandes, par les préfets maritimes. »

Art. 48. Aux colonies, comme en France, les militaires susceptibles d'être envoyés en congé de convalescence sont d'abord visités en présence du chef de corps par le médecin-major et contre-visités ensuite par le conseil de santé.

S'il s'agit de malades dans les hôpitaux, le chef de la salle dans laquelle ils se trouvent fait connaître au médecin-major du corps ou à l'officier du corps de santé qui en remplit les fonctions, qu'il a l'intention de présenter au conseil de santé tels ou tels militaires. Le médecin-major visite lui-même les malades et, après en avoir rendu compte au chef de corps, dont il prend les ordres, assiste à la séance du conseil de santé, pour y donner, sur les hommes à examiner, des renseignements médicaux ou autres, s'il y a lieu.

Art. 49. Le conseil de santé donne son avis sur l'opportunité du congé et sur la durée à accorder. C'est sur le vu de son certificat que l'autorité militaire aux colonies fait rapatrier les malades et que le préfet maritime, en France, accorde le congé de convalescence, pour les militaires appelés à servir dans la métropole.

Art. 50. Les militaires rentrant des colonies, comme convalescents, peuvent, quand l'état de leur santé l'exige, voyager en deuxième classe sur les chemins de fer, par voie de réquisition.

Ces dispositions bienveillantes ont, en outre, été complétées comme suit par la circulaire du 2 décembre 1893 :

Les marins et militaires rentrant convalescents d'outre-mer pourront emporter leur couverture pendant leur congé.

« Messieurs, j'ai décidé que les marins et les militaires des troupes de la marine qui rentreront d'une destination outre-mer pourront, s'ils sont convalescents, conserver, sur leur demande, pour se rendre dans leur foyers, la couverture dont ils seront pourvus par application des dispositions de la circulaire du 25 mars 1893 (*Bulletin officiel*, p. 412).

L'autorité maritime du port de débarquement devra, dans ce cas, en faire mention sur la feuille de route, le livret et autres pièces de comptabilité dont seront porteurs les intéressés, et signaler au corps auquel ils appartiennent ou qu'ils devront rejoindre à l'expiration de leur congé, les hommes qui auront bénéficié de cette faveur ; le corps prendra les dispositions nécessaires pour se faire restituer, par les soins de la gendarmerie, la couverture des hommes qui seraient libérés pendant leur congé, et veillera à ce que les hommes qui rallieront rapportent là leur.

La couverture sera toujours laissée aux hommes rejoignant directement leur corps. »

Art. 51. Aucun militaire en service en France ne peut être présenté au conseil de santé que par son chef de corps ou de service.

Quant aux officiers et aux hommes de troupe rapatriés des colonies, ils n'ont pas à se présenter au conseil de santé de la métropole préalablement à leur envoi en congé. Dès leur débarquement dans un port de guerre ou de commerce, ils doivent être dirigés directement sur leurs foyers, avec feuille de route.

Il n'est fait exception à cette règle qu'à l'égard des militaires qui ne paraissent pas en état d'effectuer le voyage, pour se rendre dans leurs familles, ou qui demandent, soit à être hospitalisés, soit à être soumis à une visite médicale. (Texte conforme au décret du 17 octobre 1892, *Bulletin officiel*, p. 431.)

Art. 51 *bis*. Les préfets maritimes délivrent aux officiers et aux hommes de troupe rentrés comme malades des colonies des titres de congé de convalescence. Cette délivrance s'opère sur le vu des certificats de visite établis par les conseils de santé coloniaux et sur lesquels est mentionnée la durée du congé qui doit être accordé à chacun des intéressés, à son arrivée dans la métropole.

La fixation de durée ne doit pas, toutefois, excéder trois mois (article ajouté par décret du 17 octobre 1892, *Bulletin officiel*, p. 431).

Art. 52. Des certificats médicaux ne peuvent être délivrés aux militaires de tous grades aux colonies que par les conseils de santé devant lesquels ils sont envoyés par leur chef de corps. Cette pièce n'est donnée à l'officier que dans le cas où elle porte qu'il a besoin d'un congé de convalescence, et doit être libellée d'une manière invariable pour toutes les colonies, suivant le modèle annexé à la dépêche du 22 avril 1875.

Art. 53. Les officiers qui sollicitent des prolongations de congé doivent se rendre également au port militaire le plus voisin de leur résidence, ou à Paris, si cette ville est plus rapprochée du lieu où ils profitent régulièrement de leur congé.

Ils devront toujours, au préalable, se munir de l'autorisation de leur chef de corps ou de service.

C'est à l'autorité maritime locale, sous les ordres de laquelle l'officier est momentanément placé, qu'il appartient d'accorder, s'il y a lieu, les prolongations de congé de convalescence.

Sur le vu du certificat de visite et de contre-visite établi par l'autorité militaire du 19e corps d'armée, le Ministre statue sur les demandes de prolongation de congé de convalescence formées par des officiers en congé au même titre en Algérie.

A Paris, les opérations de visite médicale sont passées au ministère de la marine.

Art. 54. Il n'est fait d'exceptions à cette règle qui si l'état de santé de l'officier qui sollicite une prolongation de congé ne lui permet pas de faire le voyage. Dans ce cas, il doit se mettre en mesure de faire parvenir sa demande au Ministre de la marine, par l'intermédiaire de l'autorité militaire, assez à temps pour qu'il puisse statuer avant l'expiration de son congé.

S'il n'y a pas d'autorité militaire dans la localité où il jouit de son congé, il joint à sa demande un certificat du médecin qui le soigne, attestant qu'il est hors d'état d'être transporté.

Art. 55. Les officiers des troupes de la marine, après une année d'absence en congé de convalescence, sont placés d'office dans la position de non-activité pour infirmités temporaires, s'ils sont reconnus hors d'état de reprendre du service actif.

Art. 56. Le droit d'accorder des prolongations de congé de convalescence, dans la limite de 6 mois, y compris le congé initial, aux hommes des troupes de la marine, est concédé aux généraux gouverneurs militaires de Paris et de Lyon, aux généraux commandants de corps d'armée, et délégué par eux aux généraux de division commandant le territoire des subdivisions de région.

Art. 57. Lorsque des sous-officiers, caporaux, brigadiers ou soldats des troupes de la marine entrent, pendant la durée d'un congé, dans un hôpital militaire et qu'il est demandé pour eux, à leur sortie dudit hôpital, un nouveau congé, c'est l'autorité militaire territoriale qui a qualité pour statuer dans la limite de 6 mois.

Art. 58. Dans aucun cas, les généraux divisionnaires ne peuvent convertir des congés de convalescence en congés prévus par les articles 21, 22 et 23 de la loi du 15 juillet 1889, sans une décision prise par le Ministre de la marine.

Art. 59. Les demandes de prolongation de congé de convalescence des hommes de troupe sont appuyées des certificats de visite et de contre-visite délivrés par les médecins traitants et les médecins-chefs des hôpitaux militaires, ou, à leur défaut, par ceux des hospices civils où les militaires postulants sont en traitement ou se font visiter. Dans ce dernier cas, la contre-visite est passée par des médecins militaires des corps de troupe ou, en cas d'impossibilité, par des médecins civils spécialement désignés par le général commandant la subdivision de région.

Si les militaires se trouvent dans une localité où il n'existe ni hôpital militaire ni hospice civil, et qu'ils soient hors d'état d'être transportés, ils joignent à leur demande un certificat du médecin de la localité ou une attestation du maire. Le général commandant la subdivision prescrit à la gendarmerie de s'assurer que les militaires ne peuvent se déplacer; cette constatation est faite, à l'égard des hommes de troupe, par le commandant de la brigade.

Art. 60. La solde de présence est conservée pendant six mois aux officiers et sous-officiers rengagés, revenant des colonies, qui obtiennent un congé de convalescence dans les deux mois qui suivent le débarquement.

Les sous-officiers rengagés ou commissionnés qui, au delà de cette limite, obtiennent des congés par suite de maladies contractées aux colonies, conservent la solde de présence pendant trois mois. Passé ce délai, ils ne peuvent prétendre qu'à la solde d'absence.

Les autres hommes de troupe, qui se trouvent dans la même position, n'ont droit qu'à la solde d'absence dans la limite de 6 mois.

Sur la demande formelle et motivée de l'autorité supérieure locale, la solde de présence peut être conservée pendant trois mois aux officiers servant en France, qui obtiennent un congé de même nature.

Sauf les cas extraordinaires, à l'égard desquels il est statué d'après une proposition spéciale, les prolongations de congé au même titre qui ont pour effet d'étendre la durée de l'absence au delà des délais ci-dessus spécifiés, ne comportent que la solde de congé (demi-solde).

La solde d'absence est conservée, dans la limite de six mois, aux sous-officiers et soldats des troupes de la marine, servant en France, qui obtiennent des congés de convalescence à la suite d'affections épidémiques : fièvre typhoïde, etc., contractées au corps.

Cette concession ne peut, toutefois, être faite, au titulaire du congé de convalescence sans une proposition individuelle du conseil de santé (Texte conforme au décret du 23 décembre 1891, *Bulletin officiel*, p. 1039).

Les hommes autorisés à passer leur congé au corps sont régis par les dispositions suivantes :

Règles relatives aux militaires des troupes de la marine autorisés à passer au corps les congés de convalescence qu'ils obtiennent.

« Paris, le 30 janvier 1897.

« Messieurs, il arrive assez fréquemment que des militaires des troupes de la marine, se trouvant sans famille ou sans ressources suffisantes, demandent à passer au corps les congés de convalescence qu'ils obtiennent.

« Or, en l'absence d'une réglementation précise, le mode de procéder en pareil cas diffère d'un corps à l'autre et donne lieu, parfois, à des difficultés.

« Pour mettre fin à toute incertitude à cet égard, et après avoir pris l'avis du comité technique des troupes de la marine, j'ai arrêté les dispositions suivantes, qui demeureront en vigueur jusqu'à ce que la création projetée de dépôts de convalescents ait pu être réalisée :

« 1° Les titulaires d'un congé de convalescence à passer au corps et appartenant à un même port seront placés en subsistance, par arme, dans une seule unité administrative, compagnie ou batterie ; il leur sera affecté un local séparé de ceux du reste de la troupe, autant que possible dans les établissements militaires éloignés des casernements principaux et, de préférence, en dehors des villes.

« Ce local sera déterminé, sur place, après entente entre les autorités militaires et maritimes locales ;

« 2° Les militaires dont il s'agit seront traités conformément aux dispositions du règlement du 17 août 1876 relatives aux hommes à l'infirmerie ; ils recevront, par suite, l'allocation des prestations en deniers et en nature dues dans la position de présence, augmentées, lorsque le médecin chef de service le jugera nécessaire, des rations supplémentaires de riz et de vin prévues par l'article 3 du règlement précité ;

« 3° Il appartiendra aux chefs de corps de prendre les mesures nécessaires pour assurer parmi ces hommes le maintien du bon ordre et de la discipline. »

Congés pour fin de campagne.

Art. 60 *bis*. Des congés pour fin de campagne peuvent être accordés par les préfets maritimes, quand les besoins du service le permettent, aux militaires (officiers et hommes de troupe) non malades, rapatriés des colonies à l'expiration de la période réglementaire de séjour.

Les titres de congés pour fin de campagne (Modèles n°s 2 et 3 annexés au décret) sont établis sur le vu de l'avis de débarquement et de mise en route et pour une durée fixée à trois mois.

La durée de ces congés peut être réduite de moitié pour les hommes qui ont eu une mauvaise conduite pendant la traversée.

Quant aux militaires rentrés en France par suite de promotion, suppression d'emploi, licenciement de corps ou réduction d'effectif, il leur sera accordé un congé de trois mois pour fin de campagne s'ils ont accompli plus de la moitié du temps de séjour réglementaire. Dans le cas contraire, et sous la réserve que les intéressés auront servi au moins 6 mois aux colonies, la durée du congé ne devra pas dépasser un mois et demi.

Le bénéfice des dispositions prévues à l'article 60 est maintenu aux officiers et hommes de troupe titulaires d'un congé pour fin de campagne. Ces militaires peuvent également obtenir, si leur état de santé vient à l'exiger, un congé de convalescence qui se fusionne, le cas échéant, avec le premier congé (fin de campagne), au point de vue des droits à la solde (Article ajouté par décret du 17 octobre 1892, *B. O.*, p. 431).

Ces congés ont fait l'objet de la circulaire ministérielle suivante, qui porte la date du 7 avril 1893 :

Au sujet de la concession des congés pour fin de campagne.

« Messieurs, j'ai été informé que, malgré l'institution des congés pour fin de campagne, les corps continuent, pour éviter des formalités administratives, à présenter devant les conseils de santé des hommes qui ne sont pas atteints de maladies bien caractérisées.

« J'ai l'honneur de vous rappeler que les congés en question ont été précisément institués dans le but de faire disparaître les inconvénients qu'entraînait fréquemment la concession non motivée de congés de convalescence.

« En conséquence, je désire que les hommes ne soient plus présentés pour l'obtention d'un congé de convalescence que lorsque leur état de santé le nécessitera absolument.

« Quant aux hommes qui ne se trouveront pas dans ce cas, les conseils de santé ne devront pas hésiter à leur refuser tout congé et à les renvoyer à leur corps, qui les proposera, s'il y a lieu, pour l'obtention d'un congé pour fin de campagne.

« Quelques médecins ont renouvelé, dans ces derniers temps, la proposition de supprimer la contre-visite que doivent passer, à leur arrivée en France, pour obtenir un congé de convalescence, les marins qui rentrent porteurs de certificats délivrés par les conseils de santé des colonies. Cette proposition, déjà émise en 1891, a été soumise à cette époque à l'examen des autorités compétentes des cinq ports, et c'est sur l'avis unanime de ces autorités qu'il n'y a pas été donné suite. Il est donc inutile de la reproduire à nouveau. »

Les hommes liés au service pour trois ans ne peuvent, en aucun cas, jouir des dispositions prévues par cet article ; la circulaire ministérielle du 1er août 1893 (*Bulletin officiel* Marine, p. 243) a réglé leur situation pour le cas échéant où ils se trouveraient dans une position susceptible d'être mis en congé. Elle est ainsi conçue :

Au sujet des hommes liés au service pour trois ans qui, à leur rentrée des colonies, débarquent dans un port secondaire.

« Paris, le 1er août 1893.

« Messieurs, les congés pour fin de campagne institués par le décret du 17 octobre 1892 ne peuvent, en aucun cas, être concédés aux hommes liés au service pour trois ans seulement, en raison des prescriptions de l'art. 45 de la loi du 15 juillet 1889.

« Par suite, les chefs de service dans les ports secondaires se trouvent dans l'obligation de diriger sur leurs corps d'origine un assez grand nombre de militaires rentrant des colonies, à l'expiration de la période de séjour réglementaire, et qui ne sont ni convalescents ni libérables.

« Or, ces mêmes militaires obtiennent, presque tous, à leur arrivée au port militaire où est stationné le régiment auquel ils comptent, un congé de convalescence que justifie, d'ailleurs, l'état de fatigue dans lequel ils se trouvent après un service d'au moins deux ans outre-mer.

« Le Trésor a donc à supporter, sans aucune utilité, les dépenses résultant de l'allocation de frais de route pour le trajet des intéressés du port de débarquement au port de guerre sur lequel ils sont dirigés.

« Dans le but de réaliser des économies à ce point de vue, j'ai décidé que les hommes de troupe d'infanterie et d'artillerie de marine liés au service pour trois ans, non convalescents ni libérables, qui débarquent dans un port secondaire, seront désormais visités et contre-visités sur place. Les officiers du corps de santé de la marine devront proposer pour un congé de convalescence ceux de ces militaires qui, sans être atteints d'une maladie bien caractérisée, auront cependant besoin d'un assez long repos avant de pouvoir reprendre le service actif.

« Le cas échéant, ils seront immédiatement dirigés sur leurs foyers avec feuille de route. »

Une autre circulaire en date du 15 décembre 1893 (*Bulleein officiel* Marine, p. 909) prescrit de maintenir dans leurs foyers les hommes qui auraient obtenu des congés, en rentrant des colonies, qui n'auraient plus que quelques jours à accomplir avant d'atteindre l'époque de leur libération. En voici la teneur officielle :

« Messieurs, il s'est présenté des cas où des engagés volontaires pour trois ans revenus des colonies et ayant obtenu à leur débarquement un congé de convalescence ou un congé de fin de campagne, ont dû, à l'expiration de ce congé, rentrer à leur corps respectif, bien que n'ayant que quelques jours à accomplir avant d'atteindre l'époque légale de leur libération.

Ces déplacements occasionnant au Trésor des dépenses considérables qui ne sont pas en rapport avec les résultats obtenus au point de vue de l'instruction professionnelle de ces militaires,

J'ai décidé, par suite, qu'il conviendra de considérer comme se trouvant en position de prolongation de congé, et de maintenir, d'office, dans leurs foyers les militaires revenus des colonies, susceptibles d'être libérés du service actif dans les deux mois qui suivront l'expiration du congé dont ils sont titulaires, à moins qu'ils ne manifestent le désir de contracter un rengagement. »

Congés pour aller faire usage des eaux.

Art. 61. Les congés sont délivrés par les préfets maritimes. Les demandes sont accompagnées de certificats de visite individuels spéciaux pour ces sortes de congés.

Ces dispositions ayant donné lieu à des divergences d'opinion, la circulaire ministérielle du 1er juin 1895 (*Bulletin officiel* Marine, p. 928), ci-après, trace la marche à suivre à l'égard des congés pour les eaux thermales :

« Messieurs, j'ai eu l'occasion de remarquer que les demandes de congé pour faire usage des eaux thermales ou minérales, formulées en faveur des officiers et fonctionnaires de la marine par les autorités maritimes, n'étaient pas libellées d'une manière uniforme et donnaient quelquefois lieu à des difficultés, notamment en ce qui concerne la fixation de la durée de ces congés, et le règlement de la situation financière des intéressés.

Il m'a paru utile de vous adresser les instructions complémentaires ci-après :

Il y a lieu de distinguer le congé pour les eaux proprement dit du congé de convalescence accordé avec faculté de se rendre dans un établissement thermal ou minéral. Le premier de ces congés est défini dans le titre VII du décret du 22 janvier 1894 (art. 31 à 40 compris).

Quant au congé de convalescence accordé avec faculté de se rendre aux eaux, il n'implique pas la nécessité de se rendre aux eaux, et, par suite, rentre dans la catégorie des congés de convalescence ordinaires (titre V du décret du 22 janvier 1894, art. 15 à 29 compris).

En conséquence, les congés accordés pour raison de santé devront être libellés de la manière suivante :

1° Congé ou prolongation de congé de convalescence;

2° Congé pour les eaux thermales ou minérales de......... Cette dernière espèce de congé seulement comporte l'allocation des frais de route réglementaires.

Je vous prie de donner des ordres pour que cette distinction soit nettement établie dans les demandes de congé, ainsi que sur les avis individuels visés à l'article 17 du décret précité. »

Art. 62. La durée des congés à accorder aux officiers et employés militaires malades qui ont besoin d'aller prendre les eaux minérales est fixée au double du temps passé aux eaux, dans la limite de deux mois, pendant lesquels ils conserveront la jouissance de la solde de présence à terre.

L'autorisation d'aller faire usage des eaux minérales accordée à l'officier ou l'employé militaire déjà en congé comportera également, pendant deux mois, concession de la solde entière, si cette solde n'était pas allouée en vertu même du congé.

Une prolongation d'un mois, avec jouissance de la même solde, pourra être accordée, par décision ultérieure du Ministre, lorsque le besoin d'un redoublement de saison aura été constaté par les médecins particuliers des eaux.

Art. 63. Lorsque des officiers et employés militaires malades ont besoin d'aller prendre les eaux dans les lieux où il n'existe point d'établissement militaire, ils doivent justifier, par un certificat des officiers de santé de l'hôpital maritime ou militaire le plus voisin du lieu de leur résidence, que l'usage des eaux auxquelles ils veulent se rendre leur est indispensable.

Pour obtenir ensuite le rappel de leur solde, ils ont à produire un certificat du médecin en chef de l'établissement constatant le temps pendant lequel ils y ont été traités. Ce certificat doit être visé par le maire du lieu.

Congés accordés par application des dispositions finales de l'article 21 (modifié : Loi du 6 novembre 1890) **de la loi du 15 juillet 1889 sur le recrutement de l'armée.** (Dispenses de droit après un an de service.)

Art. 64. Aux termes de l'antépénultième alinéa de l'article 21 (modifié) de la loi du 15 juillet 1889 sont, après une année de présence sous les drapeaux, envoyés en congé, sur leur demande, les appelés ou les engagés volontaires qui, postérieurement, soit à la décision du conseil de revision, soit à leur incorporation, entrent dans l'une des catégories suivantes :

1° L'aîné d'orphelins de père et de mère, ou l'aîné d'orphelins de mère dont le père est légalement déclaré absent ou interdit;

2° Le fils unique ou l'aîné des fils, ou, à défaut de fils ou de gendre, le petit-fils unique ou l'aîné des petits-fils d'une femme actuellement veuve ou d'une femme dont le mari a été légalement déclaré absent ou interdit, ou d'un père aveugle ou entré dans sa soixante-dixième année;

3° Le fils unique ou l'aîné des fils d'une famille de sept enfants au moins;

Dans les cas prévus par les trois paragraphes précédents, le frère puîné jouit de la dispense si le frère aîné est aveugle ou atteint de toute autre infirmité incurable qui le rende impotent.

4° Le plus âgé de deux frères inscrits la même année sur les listes de recrutement cantonal ou faisant partie du même appel;

5° Celui dont un frère est présent sous les drapeaux au moment des opérations du conseil de revision, soit comme officier, soit comme appelé pour 2 ans au moins, soit comme engagé volontaire pour 3 ans au moins, soit comme rengagé, breveté ou commissionné après avoir accompli cette durée de service, soit enfin comme inscrit maritime levé d'office, levé sur sa demande, maintenu ou réadmis au service, quelle que soit la classe de recrutement à laquelle il appartient (1).

Ces dispositions sont applicables aux frères des officiers mariniers des équipages de la flotte appartenant à l'inscription maritime et servant en qualité d'officiers mariniers du cadre de la maistrance.

Si les deux frères servent comme appelés, le dispensé qui en fait la demande n'est incorporé qu'après l'expiration du temps obligatoire du service de l'autre frère (loi du 26 mars (1898);

6° Celui dont le frère est mort en activité de service ou a été réformé ou admis à la retraite pour blessures reçues dans un service commandé ou pour infirmités contractées dans les armées de terre ou de mer.

La dispense accordée conformément aux paragraphes 5 et 6 ci-dessus n'est appliquée qu'à un seul frère pour un même cas, mais elle se répète dans la même famille autant de fois que les mêmes droits s'y reproduisent (loi du 13 mars 1896).

Art. 65. Il résulte du texte de l'article précédent :

1° Que les situations de famille existant pour l'appelé avant le conseil de revision et pour l'engagé avant son incorporation ne peuvent être invoquées pour l'envoi en congé;

2° Que les rengagés n'ont jamais droit à l'envoi en congé dans les conditions ci-dessus énoncées.

Les militaires qui réclament le bénéfice de ces dispositions doivent en faire la demande par écrit et produire à l'appui de cette demande un certificat de trois pères de famille, conforme au modèle n° 1 annexé à la circulaire de la guerre du 12 décembre 1889 (*Bulletin officiel* Guerre, partie réglementaire, p. 1483) et joint (annexe A) à la présente circulaire, à titre de renseignement, et, suivant la situation de famille qu'ils invoquent, les pièces énumérées au tableau (annexe B) ci-annexé.

Les intéressés doivent, pour pouvoir être renvoyés dans leurs foyers après un an de présence sous les drapeaux, remplir les conditions de conduite et d'instruction déterminées par la circulaire du 28 mai 1890 (*Bulletin officiel* Guerre, partie réglementaire, p. 1528).

Les préfets maritimes en France et les commandants des trou-

---

(1) Les militaires en congé ne procurent plus la dispense (Circ. du 17 novembre 1890).

pes aux colonies, après vérification des pièces produites, prononcent l'envoi en congé, et transmettent le dossier au commandant du bureau de recrutement de la subdivision à laquelle appartient le militaire. Les motifs du renvoi sont mentionnés sur les livrets matricule et individuel.

Les demandes d'envoi en congé, en vertu de l'article 21 de la loi, concernant les militaires des troupes de la marine en service aux colonies, doivent être instruites par les régiments de la métropole chargés de la tenue de la matricule. Le chef de corps en France transmet, ensuite, les dossiers complets au commandant des troupes, qui statue.

Art. 66. Les enfants légitimes seuls ont droit à ces congés.

Un militaire ayant, par sa présence, procuré à l'un de ses frères, soit la dispense devant le conseil de revision, soit l'envoi en congé, ne peut créer pour un second frère un nouveau droit à congé s'il vient ultérieurement, soit à être réformé, soit à être retraité, ou s'il décède en activité de service.

Mais, d'autre part, quand un militaire a procuré à son frère la dispense ou l'envoi en congé, il n'en est pas moins susceptible d'être placé lui-même en congé, sur sa demande, s'il vient ultérieurement à entrer dans l'une quelconque des six catégories de dispenses que prévoit l'article 21 de la loi du 15 juillet 1889 et qui sont énumérées à l'article 64 ci-dessus.

Seulement, dans ces cas, l'article 25 de la loi doit être appliqué et le commandant du bureau de recrutement met en route, s'il y a lieu, le frère primitivement dispensé ou congédié pour terminer le temps de service qui reste à courir jusqu'à son passage dans la réserve.

Ces congés subsistent tant que les motifs qui ont nécessité leur délivrance n'ont pas cessé d'exister (article 25 de la loi), et jusqu'au jour du passage des titulaires dans la réserve de l'armée de mer, lequel s'effectue après 3 ans de service, qu'il s'agisse de jeunes soldats ou d'engagés volontaires et quelle que soit, d'ailleurs, la durée de l'engagement souscrit par ces derniers.

Les militaires congédiés par application de l'article 21 de la loi du 15 juillet 1889 sont placés sous la surveillance du commandant du bureau de recrutement de la subdivision à laquelle ils appartiennent.

Lors donc que la situation de famille qui a motivé l'envoi en congé cesse d'exister avant le passage du titulaire dans la réserve, le commandant du bureau de recrutement en avise immédiatement le chef de bureau des réservistes de la circonscription maritime à laquelle appartient l'intéressé (1).

Sont rappelés sous les drapeaux, afin de terminer le temps de service pour lequel ils sont liés, soit à titre d'appelés, soit à titre

---

(1) Modifié. Le commandant du recrutement avise aujourd'hui directement le corps.

d'engagés, les hommes dont la cause de dispense vient à cesser quand la période qu'il leur reste à accomplir n'est pas inférieure à 18 mois, soit pour passer dans la réserve, s'il s'agit de jeunes soldats ou d'engagés pour 3 ans, soit pour parfaire intégralement la durée de leur engagement s'il s'agit d'engagés pour 4 ou 5 ans (1).

Si ladite période est inférieure à 18 mois, ils sont maintenus en congé jusqu'au moment de leur passage dans la réserve, à moins d'ordres contraires du Ministre.

Avis de la décision prise est donné, sans retard, par l'autorité maritime au commandant de recrutement intéressé.

Congés accordés à titre de soutien de famille, par application de l'article 22 de la loi du 15 juillet 1889.

Art. 67. Les préfets maritimes en France et les commandants des troupes aux colonies, sont autorisés à envoyer en congé, à titre de soutien de famille, les militaires ayant au moins un an de présence sous les drapeaux.

Le nombre des congés ainsi accordés ne peut dépasser 1 p. 100 après la première année, et 1 p. 100 après la seconde. Les compagnies d'ouvriers et d'artificiers sont considérées, sous ce rapport, comme ne formant qu'un seul corps.

Il est calculé d'après l'effectif des hommes de la classe appartenant au corps.

Chaque demande doit comprendre à l'appui :

1° Un relevé des contributions payées par la famille et certifié par le percepteur ;

2° Un certificat spécial (modèle n° 5 ci-annexé) portant l'avis motivé de trois pères de famille, ainsi que celui du conseil municipal.

La situation de la famille de l'intéressé doit être, en outre, l'objet d'une enquête approfondie.

Mention de l'envoi en congé est faite sur les livrets matricule et individuel.

Les demandes d'envoi en congé, à titre de soutien de famille, concernant les militaires des troupes de la marine en service outre-mer, doivent être instruites par les régiments métropolitains, chargés de la tenue de la matricule. Le chef de corps en France transmet ensuite le dossier complet au commandant des troupes, qui statue.

Chaque année, au 1er janvier, les préfets maritimes et les commandants des troupes adressent au Ministre un état indiquant le chiffre des congés à titre de soutien de famille, accordés pendant l'année précédente, et faisant connaître la répartition des titulai-

---

(1) Les engagés de 4 et 5 ans sont assimilés aux rengagés et ne peuvent plus être renvoyés à titre de soutiens de famille. (Décret du 4 août 1894.)

res par classe, s'il s'agit d'appelés, et suivant l'année de service dans laquelle ils se trouvent, s'il s'agit d'engagés volontaires.

Des règles nouvelles ont été édictées pour l'application de cet article; elles font l'objet de la circulaire ministérielle du 22 février 1893 (*Bulletin officiel* Marine, p. 332).

Nouvelles règles pour la concession des congés, à titre de soutien de famille, aux militaires des troupes de la marine.

« Messieurs, aux termes de l'art. 67 du décret du 31 août 1891, portant règlement sur la concession des congés et permissions dans les troupes de la marine, les commandants des troupes aux colonies sont autorisés à délivrer des congés, à titre de soutien de famille, dans les proportions fixées par l'art. 22 de la loi du 15 juillet 1889, c'est-à-dire à raison de 1 p. 100 après la première année et de 1 p. 100 après la seconde.

« Mais comme, d'autre part, l'article 17 du décret du 31 août susvisé prescrit de suspendre l'embarquement des militaires proposés pour un congé, les régiments métropolitains sont amenés à maintenir en France la plupart des hommes dont la situation de famille est intéressante. Il en résulte que ces régiments, qui n'ont pas la faculté d'accorder une proportion plus élevée de congés, peuvent se trouver dans l'obligation de léser des intérêts très légitimes.

« J'ai arrêté, en conséquence, les dispositions suivantes :

« 1o Les demandes de congés, à titre de soutien de famille, formées par des militaires servant en France ou aux colonies, seront désormais instruites par le régiment métropolitain chargé de la tenue de la matricule. C'est au préfet maritime où est stationné ce régiment qu'il appartiendra de statuer;

« 2o Les commandants des troupes aux colonies se borneront à transmettre aux chefs de corps intéressés en France les demandes de l'espèce qui pourront leur être adressées par les sous-officiers, caporaux ou soldats placés sous leurs ordres. Ils recevront en temps utile, par les soins du régiment métropolitain et seulement pour exécution, l'avis de concession ou de refus de congé;

« 3o Le nombre maximum des congés à accorder chaque année, dans chacun des régiments métropolitains, devra être calculé sur l'ensemble des militaires d'une même classe appartenant à ce régiment ou en service dans les corps d'outre-mer dont ce régiment assure la relève.

« J'ai l'honneur de vous prier de vouloir bien assurer l'exécution des prescriptions contenues dans la présente circulaire, dont il devra être pris note en marge de l'art. 67 du décret du 31 août 1891, sur tous les exemplaires en service du dit décret. »

Des dispositions spéciales ont dû être prises à l'égard des hommes envoyés dans les corps d'épreuves. Leur situation est réglée par la circulaire du 29 décembre 1897 (*Bulletin officiel* Marine, p. 712) ci-après :

Application des articles 21 et 22 de la loi sur le recrutement aux fusiliers disciplinaires et aux fusiliers de discipline.

« Messieurs, des doutes s'étant élevés sur le droit, pour les militaires du corps des disciplinaires et de la compagnie de discipline, d'invoquer les différents cas de dispense prévus par la loi sur le recrutement, j'ai pensé qu'il y avait lieu, pour prévenir toute divergence d'interprétation, de fixer les principes qui doivent servir de règle en cette matière.

« Il convient de distinguer, à cet égard, les hommes du corps des disciplinaires des fusiliers de discipline.

« Les premiers, par suite de condamnation ou en raison d'actes persistants d'inconduite pendant leur séjour à une compagnie de discipline, sont éloignés des corps de troupes à titre définitif et versés dans le corps des disciplinaires des colonies pour toute la durée du service qu'ils doivent accomplir ou du temps qui leur reste à faire.

« L'envoi à la compagnie de discipline, au contraire, n'est qu'une mesure prononcée à titre transitoire et comme punition ; les militaires qui y sont incorporés peuvent obtenir leur réintégration au service général, aussitôt qu'ils ont donné des preuves sérieuses d'amendement.

« En conséquence, les fusiliers de discipline, considérés comme en état permanent de punition, se trouvent, par le seul fait de leur présence à la compagnie de discipline, dans l'impossibilité de réunir les conditions de bonne conduite nécessaires, aux termes de l'article 24 de la loi sur le recrutement, pour obtenir un congédiement par anticipation ; il en résulte qu'ils ne sauraient être admis à bénéficier des dispositions des articles 21 et 22 de ladite loi.

« Il en est autrement des hommes du corps des disciplinaires des colonies qui ne peuvent être réintégrés au service général ; on ne saurait, le cas échéant, leur refuser le bénéfice des cas de dispense légale prévus à l'article 21 de la loi sur le recrutement, dont l'application constitue un droit pour les intéressés, toutes les fois qu'ils remplissent les conditions réglementaires de conduite et d'instruction, à apprécier par le conseil de discipline.

« Quant aux dispositions de l'article 22 de la même loi relatives au renvoi à titre de soutien de famille, leur application constituant une mesure de bienveillance laissée à l'appréciation de l'autorité militaire, il n'y a pas lieu, en raison de leurs mauvais antécédents, d'y faire participer les fusiliers disciplinaires. »

Art. 68. Les militaires qui sollicitent des congés à titre de soutien de famille doivent posséder une instruction militaire suffisante, et n'avoir rien laissé à désirer sous le rapport de la conduite et de la manière de servir.

Ces congés sont valables jusqu'à l'époque du passage des titulaires dans la réserve de l'armée active.

Les militaires placés dans cette position, qui ne remplissent pas leurs devoirs de famille, peuvent être rappelés au service, dans les conditions indiquées par les deux derniers paragraphes de l'article 22 de la loi du 15 juillet 1889.

Pour assurer l'application de cette prescription, les chefs de corps donneront avis aux maires des localités où les militaires déclareront se rendre pour jouir de leur congé, des décisions concernant ces hommes. Toutefois, pour les militaires autorisés à jouir de leur congé à Paris, l'avis sera adressé à M. le Préfet de la Seine, avec indication de l'arrondissement, de la rue et du numéro de la maison où le militaire habitera.

Les militaires rappelés complètent le temps de service pour lequel ils sont liés, soit à titre d'appelés, soit à titre d'engagés.

Art. 69. Si les circonstances de guerre l'exigent, le militaire à l'égard de qui l'envoi en congé, à titre de soutien de famille, a été prononcé, peut être maintenu dans la colonie jusqu'à l'arrivée de son remplaçant.

Art. 70. Tout militaire mis en congé, à quelque titre que ce soit, doit, à son départ du corps, être dirigé sur le lieu où réside sa famille ou, à défaut, sur celui où il était domicilié lors de son tirage au sort. Là, en effet, il se trouve au centre de ses relations et, s'il n'est pas toujours occupé immédiatement, il échappera du moins à bien des entraînements et rencontrera plus aisément des personnes s'intéressant à lui et pouvant lui procurer du travail.

Pour les hommes qui, invoquant des raisons sérieuses, demandent à se fixer autre part que dans leur famille, les chefs de corps doivent exiger qu'ils justifient, par un certificat visé par le maire de la commune où ils veulent se retirer, qu'ils pourront y trouver de l'ouvrage. Dans les grands centres, le certificat sera délivré par le commissaire de police du quartier.

Art. 71. Les sous-officiers, les caporaux ou brigadiers et les soldats de 1re classe, envoyés en congé de soutien de famille, n'auront pas à faire la remise de leurs galons.

DISPOSITIONS SPÉCIALES A LA GENDARMERIE MARITIME.

Art. 72. Les militaires de la gendarmerie maritime peuvent obtenir du major général et du préfet maritime des permissions et des congés dans les mêmes conditions que les militaires des autres armes. Toutefois, il n'est pas accordé de congé à titre de soutien de famille aux militaires de la gendarmerie.

Art. 73. Les commandants de compagnie peuvent accorder des permissions de quatre jours, avec solde de présence, aux militaires de tous grades placés sous leurs ordres. Ils en rendent compte immédiatement par la voie du rapport journalier au major général.

Les commandants d'arrondissement, autres que ceux du chef-lieu, peuvent accorder des permissions de deux jours, avec solde de présence, aux sous-officiers, brigadiers et gendarmes placés sous leurs ordres. Ils en rendent compte immédiatement au commandant de la compagnie par la voie du rapport journalier.

Les prolongations de permission et de congé sont accordées aux militaires de la gendarmerie maritime, conformément aux règles établies dans le présent décret.

DISPOSITIONS SPÉCIALES A LA GENDARMERIE COLONIALE ET AUX MILITAIRES DE L'ESCADRON DE SPAHIS DU SÉNÉGAL.

Art. 74. Les militaires de la gendarmerie coloniale et de l'escadron de spahis du Sénégal peuvent obtenir, sur la proposition des autorités maritimes ou militaires, des congés et prolongations de congé de convalescence.

Ils sont accordés par le Ministre de la marine et donnent droit, dans la limite de six mois, à la solde de présence sur le pied d'Europe, en ce qui concerne les militaires de la gendarmerie et les sous-officiers rengagés ou commissionnés de l'escadron de spahis. Les brigadiers et spahis ont droit, dans la même limite, à la solde d'absence fixée à la moitié de leur solde d'Europe.

ABROGATION DES DISPOSITIONS ANTÉRIEURES.

Art. 75. Toutes les dispositions antérieures contraires au présent décret sont abrogées.

Art. 76. Le sénateur Ministre de la marine est chargé de l'exécution du présent décret.

MODÈLE Nº 1.
(Annexé au décret du 31 août 1891.)

Format.. { Hauteur 0ᵐ,210.
{ Largeur, 0ᵐ,340.

(A)

ᵉ ARRONDISSEMENT

MARITIME.

(A) Indication du corps ou service.

Bulletin indicatif de (1)

(1) Permission
ou Congé pour affaires personnelles,
ou Congé de convalescence,
ou Congé à titre de soutien de famille,
ou Congé pour aller faire usage des eaux,
ou Prolongation de permission,
ou Prolongation de congé de... etc.,
ou Congé pour aller à l'étranger.

NOMS et PRÉNOMS.	GRADE.	DATE DE LA DÉCISION par laquelle la permission ou le congé a été accordé.	DURÉE.	LOCALITÉS où le militaire doit en profiter.	AUTORITÉ qui a accordé LE CONGÉ ou la permission.	OBSERVATIONS. (Pour une prolongation, rappeler le titre précédent.)

A MM. les membres du Conseil d'administration
du
ou A M. le Ministre de la marine (*Bureau des Troupes*).

A   , le   189 .
Le

MODÈLE N° 2.
(Annexé au décret du
31 août 1891.)

Format { Hauteur : 0^m,340.
{ Largeur : 0^m,210.

• ARRONDISSEMENT

MARITIME.

—

Port d

(1) Permission, congé ou prolongation : en indiquer la nature.

Inscrire en toutes lettres le nombre de jours et la date.

(2) Désigner l'autorité.

(3) Porter les nom, prénoms, grade ou emploi de l'officier.

(4) Spécifier si c'est avec solde de présence ou avec solde d'absence.

(5) Porter la localité où l'officier doit se rendre immédiatement, en indiquant, à la suite, le département et, s'il y a lieu, le canton.

—

Vu et inscrit au contrôle :

Le Major,

Numéro d'inscription au registre spécial :

Corps ou service.

(¹)   DE (¹)   JOURS

Valable jusqu'au (¹)   *inclus.*

OFFICIER.

En vertu du décret du 31 août 1891,
le (2)
accorde à M. (3)
un (1)   de (1)   jours avec solde de (4)
valable jusqu'au (1)   189   inclus,
pour se rendre à (5)

M.   devra avoir rejoint
son poste à l'expiration d   présent (1)   , qui
datera du (1)

Pour les permissions de quatre jours et au delà, il devra, dès son arrivée dans le lieu où il se rend, faire connaître son adresse et le temps présumé de son séjour : 1° au général commandant la place de Paris, s'il doit résider à Paris ou dans le département de la Seine ; 2° au commandant d'armes, dans toute autre ville de garnison ; 3° à l'officier commandant la gendarmerie de l'arrondissement, s'il n'y a pas de garnison dans le lieu où il doit jouir de sa permission.

Si, pendant le cours de son absence, il vient à changer de résidence, il est tenu aux mêmes formalités. Il doit, en outre, en informer par écrit son chef de corps ou de service.

Il est tenu enfin de porter *lui-même* au verso du présent titre les indications relatives à son changement de résidence.

Il ne pourra se dispenser d'exhiber le présent titre sur la réquisition qui lui en sera faite par la gendarmerie ou, s'il voyage en tenue bourgeoise, par les agents des chemins de fer.

En cas de mobilisation, le porteur du présent titre devra se mettre immédiatement en route pour rejoindre son corps ou son service, sans attendre aucune notification individuelle, à moins qu'il ne soit en congé de convalescence.

A   , le   189   .

Le (2)

Indication des changements successifs de résidence de l'officier pendant la durée de sa permission ou de son congé (1).

NOM DES LOCALITÉS.	DATE de L'ARRIVÉE.	DATE du DÉPART.	OBSERVATIONS.

(1) Ces indications sont portées par le titulaire de la permission ou du congé et lui servent, au besoin, de titre pour réclamer le bénéfice du tarif militaire sur les chemins de fer.

Format. {Hauteur, 0ᵐ,340.
{Largeur, 0ᵐ,240.

MODÈLE Nº 3.
(Annexé au décret du
31 août 1891.)

ᵒ ARRONDISSEMENT
MARITIME.

—

PORT DE

(1) Permission, congé ou prolongation : en indiquer la nature et inscrire en toutes lettres le nombre de jours et la date.

(2) Désigner l'autorité.

(3) Porter les nom, prénoms, grade ou emploi.

(4) Indiquer, à la suite de chaque localité, le département et, s'il y a lieu, le canton.

Vu et inscrit au contrôle :

Le Major,

Nº d'inscription au répertoire spécial :

Corps {
ou service. {

(1)

de (1)

SOUS-OFFICIER OU SOLDAT.

En vertu du décret du 31 août 1891, le (2)
accordo au sieur (3) de la classe de 18 , libérable du service actif le 189 (rengagé ou commissionné), un (1) , valable jusqu'au (1) 189 inclus pour aller à (4)

Il devra avoir rejoint son poste à l'expiration d présent (1) qui datera du 189 .

Le porteur devra, à son arrivée dans le lieu où il se rend, faire viser l présent (1) et faire connaître son adresse : 1° au général commandant la place de Paris, s'il doit résider à Paris; 2° au commandant d'armes, dans toute autre ville de garnison; 3° au commandant de la brigade de gendarmerie dont dépend sa résidence, s'il n'y a pas de garnison au lieu où il doit jouir de son congé ou de sa permission.

Il se présente à la même autorité la veille de son départ pour rejoindre son corps.

Le visa de la gendarmerie n'est pas exigé sur les titres de permission dont la durée ne dépasse pas quatre jours.

. Les hommes en permission dans le département de la Seine, demeurant hors Paris et titulaires d'une permission ne dépassant pas huit jours, doivent faire viser leur titre par le commandant d'armes ou par le commandant de la brigade de gendarmerie de leur résidence.

En cas de mobilisation, le porteur du présent titre devra se mettre immédiatement en route, sans attendre aucune notification individuelle et rejoindre son corps. Dans ce cas, il pourra être astreint à payer demi-place sur les chemins de fer; le prix du voyage lui sera d'ailleurs remboursé à sa rentrée au corps.

Les militaires en congé de convalescence ne rejoignent qu'a l'expiration de ce congé, à moins qu'ils ne soient rappelés au corps par mesure de discipline.

A , le 189 .

Le (2)

Cartouches qui ne sont remplis par les corps que pour les absences d'une durée égale ou supérieure à huit jours.

PROCÈS-VERBAL DE LA REMISE DE L'ORDRE DE RAPPEL.	ORDRE DE RAPPEL.
Aujourd'hui 189 , nous soussigné, gendarme à la résidence d , agissant en vertu de l'ordre du Ministre de la marine, en date du , avons notifié un ordre de rappel au nommé , au ᵉ régiment d , en à , rue , nº , parlant à , qui a déclaré . Cet ordre prescrit au nommé de rejoindre son corps dans les quarante-huit heures qui suivront la présente notification. Et afin que le susnommé n'en ignore, nous lui avons laissé l'ordre de rappel. Dont acte, à le 189 . *Le Gendarme,*	En exécution des ordres du Ministre de la marine, en date du , il est ordonné au nommé (3) au ᵉ régiment de , en (I) , à , rue , nº , département d , de se mettre en route immédiatement pour rejoindre son corps à Il devra y être rendu dans les quarante-huit heures qui suivront la remise du présent ordre, sous peine d'être recherché et reconduit par la gendarmerie, et sans préjudice des poursuites ultérieures prévues par les articles 230 et 231 du Code de justice militaire. *Le Chef de corps,*

L'ordre de rappel, signé par le chef de corps au moment du départ du titulaire pour se rendre en congé ou en permission, et le procès-verbal de remise sont détachés du titre d'absence au moment où le militaire le fait viser à son arrivée à destination.

Dès que l'ordre lui en est donné, la gendarmerie remet à l'intéressé l'ordre de rappel qui le concerne, remplit le procès-verbal de remise et le retourne au corps.

INDICATION DES POINTS PRINCIPAUX DU TRAJET A PARCOURIR TANT A L'ALLER QU'AU RETOUR.	DÉTAIL DES VISAS D'ARRIVÉE ET DE DÉPART.

Le décompte de la solde du militaire dénommé d'autre part lui a été fait jusqu'au   inclus.

Il est porteur des effets détaillés ci-contre.

DÉSIGNATION DES EFFETS.	NOMBRE D'EFFETS.

En conséquence du détail ci-dessus, ce militaire n'aura besoin d'aucun secours pendant sa route pour aller en permission ou en congé et en revenir.

A   , le   189 .

Le Commandant de

CERTIFICAT DE VISITE AU DÉPART.

Le dénommé d'autre part n'est atteint d'aucune maladie contagieuse.

A   , le   189 .

Le Médecin

DÉPARTEMENT

d

—

CANTON

d

—

COMMUNE

d

(A) Indiquer les noms et prénoms des trois pères de famille.

(B) Dans tous les cas où la réclamation sera basée sur la position de petit-fils de veuve, de septuagénaire ou d'aveugle, la colonne 1 devra comprendre non seulement la descendance de l'aïeul au petit-fils, mais encore désigner tous les enfants de l'aïeul, de quelque sexe qu'ils soient, et leur descendance.

ANNEXE A.

MODÈLE Nº 1.

(Annexé à la circulaire de la guerre du 12 décembre 1889.)

Certificat destiné à établir les droits d'un jeune homme à l'envoi en congé après une année de service actif, en exécution de la loi du 15 juillet 1889 (art. 21 modifié).

Nous, soussignés, maire de la commune d   , canton d   , département d   . et (A)   , pères de jeunes gens en activité de service ou désignés par le sort pour concourir à la formation de la classe,

Certifions, sous notre responsabilité personnelle, que la famille du sieur   , né le   , à   , canton d   , département d

Lequel demande son envoi en congé comme   , se compose des membres inscrits au tableau ci-dessous ;

Que ce jeune homme est enfant légitime,

NOMS ET PRÉNOMS des PÈRE, MÈRE, FRÈRES ET SŒURS (B). 1	DATE de leur NAISSANCE. 2	CÉLIBATAIRE, marié ou veuf. 3	CLASSE AU TIRAGE de laquelle ont concouru les frères. 4	POSITION de CHACUN DES FRÈRES sous le rapport du recrutement. 5	OBSERVATIONS 6

Fait à   , le   189 .

Le Maire,

Les trois pères de famille, }

CERTIFIÉ les indications consignées dans la colonne 5 du tableau ci-dessus.

A   , le   189 .

Le Sous-Préfet,

CERTIFICAT DE POSITION DE FAMILLE

du nommé   , soldat au   , réclamant
l'envoi en congé à titre de soutien de famille, conformément à
l'article 22 de la loi du 15 juillet 1889.

MODÈLE Nº 5

(Annexé au décret du
31 août 1891.)

NOMS, PRÉNOMS ET PROFESSION.	Sexe et âge.	Célibataire, marié, veuf.	Nombre d'enfants	Infirmités et autres causes qui les empêchent de travailler.	AVIS MOTIVÉ de trois pères de famille ayant un fils sous les drapeaux ou, à défaut, dans la réserve de l'armée active.
			-		Nous, soussignés, résidant dans la commune d et jouissant de nos droits civils et politiques, émettons l'avis, sous notre responsabilité personnelle, que .... *Signatures :*

POSITION DES ASCENDANTS ET DES FRÈRES ET SŒURS DU RÉCLAMANT.

AVIS MOTIVÉ DU CONSEIL MUNICIPAL.

L'an mil huit cent   , le   , à   heures du   , le conseil municipal de la commune d
s'est réuni à la mairie, sous la présidence de M.   , maire.

Étaient { présents : MM.
{ absents : MM.

Les membres présents formant la majorité, le maire déclare la séance ouverte et communique au conseil une demande d'envoi en congé de soutien de
famille, formée par le nommé   , jeune soldat de la classe de

Le conseil, après avoir délibéré, émet l'avis

Ainsi fait et délibéré à   les jour, mois et an susdits, et ont signé les membres présents.

Vu pour légalisation
de la signature du maire :

Le Sous-Préfet,

Certifié conforme au registre des délibérations du conseil municipal de la commune d
et vu pour légalisation de la signature des trois pères de famille dénommés ci-dessus, qui remplissen
les conditions voulues par la loi.

A   , le   189 ,

Le Maire,

Format { Hauteur, 0m,210.
       { Largeur, 0m,340.

Modèle No 4.
(Annexé au décret du
31 août 1891.)

* CORPS D'ARMÉE
ou
GOUVERNEMENT MILITAIRE
d

* DIVISION.

* SUBDIVISION.

ÉTAT-MAJOR.

*Bulletin indicatif d'autorisation de changement de résidence accordée
à un militaire en (congé de   ou en permission de   ).*

NOM.	GRADE et CORPS.	POSITION ACTUELLE.	LIEU où LE MILITAIRE se trouve.	LOCALITÉS OU LE MILITAIRE est autorisé à se rendre.	DATE de la DÉCISION.	OBSERVATIONS.

A M. le Président du Conseil d'administration   A   , le   189 .
du

ANNEXE B.

Tableau des pièces à joindre au certificat (modèle n° 1 de la circulaire de la guerre du 12 décembre 1889), pour les hommes du recrutement.

INDICATION DES SITUATIONS PRÉVUES par l'article 21 modifié DE LA LOI DU 15 JUILLET 1889 pour les hommes du recrutement.	INDICATION DES PIÈCES A PRODUIRE.
Aîné d'orphelins de père et de mère ou aîné d'orphelins de mère, dont le père est légalement déclaré absent ou interdit......................	Acte de mariage des père et mère. Actes de décès des père et mère. En cas d'absence ou d'interdiction du père, remplacer l'acte de décès de ce dernier par une copie du jugement déclarant l'absence ou prononçant l'interdiction.
Fils unique ou aîné des fils d'une femme actuellement veuve.................	Acte de mariage des père et mère. Acte de décès du père.
Petit-fils unique ou aîné des petits-fils d'une femme actuellement veuve....	Acte de mariage des aïeuls. Acte de mariage des père et mère. Actes de décès des père et mère. Acte de décès de l'aïeul.
Fils unique ou aîné des fils d'une femme dont le mari est légalement déclaré absent ou interdit..................	Acte de mariage des père et mère. Copie du jugement déclarant l'absence ou prononçant l'interdiction.
Petit-fils unique ou aîné des petits-fils d'une femme dont le mari est légalement déclaré absent ou interdit....	Acte de mariage des aïeuls. Acte de mariage des père et mère. Actes de décès des père et mère. Copie du jugement déclarant l'absence ou prononçant l'interdiction.
Fils unique ou aîné des fils d'un père aveugle..........................	Acte de mariage des père et mère. Certificat délivré par la commission spéciale de réforme.
Petit-fils unique ou aîné des petits-fils d'un grand-père aveugle...........	Acte de mariage des aïeuls. Acte de mariage des père et mère. Actes de décès des père et mère. Certificat délivré par la commission spéciale de réforme.
Fils unique ou aîné des fils d'un père entré dans sa soixante-dixième année.	Acte de mariage des père et mère. Acte de naissance du père.
Petit-fils unique ou aîné des petits-fils d'un grand-père entré dans sa soixante-dixième année.................	Acte de mariage des père et mère. Actes de décès des père et mère. Acte de naissance de l'aïeul.
Fils unique ou aîné des fils d'une famille de sept enfants au moins....	Acte de mariage des père et mère. Actes de naissance des enfants. Certificats de vie des membres de la famille.

INDICATION DES SITUATIONS PRÉVUES par l'article 21 modifié DE LA LOI DU 15 JUILLET 1889 pour les hommes du recrutement.	INDICATION DES PIÈCES A PRODUIRE.
Puîné d'orphelins de père et de mère ou puîné d'orphelins de mère dont le père est légalement déclaré absent ou interdit, l'aîné des orphelins étant aveugle ou impotent...............	Acte de mariage des père et mère. Actes de décès des père et mère. Certificat délivré par la commission spéciale de réforme. En cas d'absence ou d'interdiction du père, remplacer l'acte de décès de ce dernier par une copie du jugement déclarant l'absence ou prononçant l'interdiction.
Fils puîné d'une femme actuellement veuve (lorsque l'aîné des fils est aveugle ou impotent)...............	Acte de mariage des père et mère. Acte de décès du père. Certificat délivré par la commission spéciale de réforme.
Petit-fils puîné d'une femme actuellement veuve (lorsque l'aîné des petits-fils est aveugle ou impotent)........	Acte de mariage des aïeuls. Acte de décès de l'aïeul. Acte de mariage des père et mère. Actes de décès des père et mère. Certificat délivré par la commission spéciale de réforme.
Fils puîné d'une femme dont le mari est légalement déclaré absent ou interdit (lorsque l'aîné des petits-fils est aveugle ou impotent)..........	Acte de mariage des père et mère. Copie du jugement déclarant l'absence ou prononçant l'interdiction. Certificat délivré par la commission spéciale de réforme.
Petit-fils puîné d'une femme dont le mari est légalement déclaré absent ou interdit (lorsque l'aîné des petits-fils est aveugle ou impotent)........	Acte de mariage des aïeuls. Acte de mariage des père et mère. Actes de décès des père et mère. Copie du jugement déclarant l'absence ou prononçant l'interdiction. Certificat délivré par la commission spéciale de réforme.
Fils puîné d'un père aveugle ou entré dans sa soixante-dixième année (lorsque l'aîné des fils est lui-même aveugle ou impotent)..................	Acte de mariage des père et mère. Acte de naissance du père. Certificat délivré par la commission spéciale de réforme.
Petit-fils puîné d'un grand-père aveugle ou entré dans sa soixante-dixième année (lorsque l'aîné des petits-fils est lui-même aveugle ou impotent).	Acte de mariage des aïeuls. Acte de mariage des père et mère. Actes de décès des père et mère. Acte de naissance de l'aïeul. Certificat délivré par la commission spéciale de réforme.
Puîné d'une famille de sept enfants au moins (lorsque l'aîné des fils est aveugle ou impotent).......	Acte de mariage des père et mère. Actes de naissance des enfants. Certificat de vie des membres de la famille. Certificat délivré par la commission spéciale de réforme.

INDICATION DES SITUATIONS PRÉVUES par l'article 21 modifié DE LA LOI DU 15 JUILLET 1889 pour les hommes du recrutement.	INDICATION DES PIÈCES A PRODUIRE.
Aîné de deux frères inscrits la même année sur les listes du recrutement cantonal ou faisant partie du même appel...........................	Acte de mariage des père et mère. Actes de naissance des deux frères. Certificat du commandant du recrutement indiquant la décision rendue par le conseil de revision à l'égard du p us jeune des deux frères.
Jeune homme dont un frère sera présent sous les drapeaux comme officier, appelé, engagé volontaire pour trois ans au moins, rengagé, breveté ou commissionné après avoir accompli trois ans de service, inscrit maritime, levé d'office, levé sur sa demande, maintenu ou réadmis au service, quelle que soit la classe à laquelle il appartienne, officier-marinier des équipages de la flotte......	Acte de mariage des père et mère. Actes de naissance des deux frères. Certificat de présence. (Si le frère est inscrit maritime, on produira, au lieu du certificat précédent, un certificat du commissaire de l'inscription maritime.)
Frère d'un militaire mort en activité de service, ou réformé, ou admis à la retraite, pour blessures reçues dans un service commandé, ou infirmités contractées dans les armées de terre ou de mer........................	Acte de mariage des père et mère. Actes de naissance des deux frères. (Le décès, les blessures, la réforme ou l'admission à la retraite du frère seront justifiés par l'acte de décès, ou le congé de réforme, ou le titre ou la copie certifiée du titre de pension de ce frère, ou par tout autre document authenthique.)

Paris et Limoges. — Imprimerie militaire Henri CHARLES-LAVAUZELLE.